Swingtrading mit dem 4-Stunden-Chart

Teil 1: Einführung in das Swingtrading

Heikin Ashi Trader

Inhaltsverzeichnis

1. Warum Swingtrading?

Die meisten Neulinge an der Börse versuchen ihr Glück mit Daytrading. Daran ist erst mal nichts falsch. Sie können in der Tat mit Daytrading viel Geld verdienen, wenn Sie gut sind. Wenn. Das Problem ist, dass viele angehende Trader die Schwierigkeiten beim Daytrading erheblich unterschätzen. Ich liste nur einige auf:

In diesem kurzen Zeitrahmen stehen Sie im Wettbewerb mit Hunderttausenden (meist jungen) Tradern, die sehr gut ausgebildet sind, ausgestattet mit der denkbar modernsten Technologie.

Eine nicht unbedeutende Konkurrenz dürfen Sie von den sogenannten Algorithmen erwarten. Mit anderen Worten Sie kämpfen gegen teure Computerprogramme, die von den besten Köpfen entwickelt wurden.

Weitere Konkurrenz ist zudem von der fehlenden Volatilität in den letzten Jahren zu erwarten. Es passiert öfter, dass die typischen Tradingmärkten, wie DAX, EUR/USD und Öl, den ganzen Tag seitwärtsgehen, um dann plötzlich ohne Vorwarnung einen großen Sprung zu machen. Sind Sie dann gerade richtig positioniert?

Ihr größter Konkurrent sind nicht zuletzt Sie selbst. Unterschätzen Sie den psychologischen Druck beim Daytrading nicht. Viele Trader erleiden Schiffbruch mit dieser Methode. Und auch wenn Sie eine Weile Erfolg haben, bedeutet dies noch lange nicht, dass dies immer so sein muss.

Halten Sie trotz dieser Nachteile Daytrading immer noch für die beste Methode für sich, dann go for it!

Im Gegensatz zu Daytrading ist Positionstrading mit Tagescharts oder gar Wochencharts eine viel gemütlichere Methode, um Geld an der Börse zu verdienen. Und, ehrlich gesagt, den meisten Menschen ist diese Methode auch zu empfehlen.

Aber Vorsicht! Auch hier gibt es eine Menge Konkurrenz! Hier haben Sie es gerade mit den Großen der Branche zu tun: Investmentfonds, Versicherungen und Hedgefonds, die im mittelfristigen Zeitfenster mit Aktien, Indizes, Rohstoffen und Devisen spekulieren.

Diese hochkapitalisierten Pools könnten zum Beispiel auf die Idee kommen, die Aktie, die Sie gerade gekauft haben, in großen Stückzahlen zu verkaufen. Nicht weil die Aktie plötzlich schlecht geworden ist. Es könnte zum Beispiel sein, dass sie Geld für ein anderes Investment brauchen. Oder sie brauchen es, um ihre verärgerten Kunden auszuzahlen. Sie sehen, auch „investieren" ist nicht so einfach. Sie können die Börse genauso gut eine Schlangengrube nennen und würden damit nicht mal übertreiben. Gibt es denn keine Alternative?

Ich denke schon. Diese Alternative nenne ich **Swingtrading**. Es ist ein Trading-Stil, der sich in einem Zeitrahmen abspielt, der für Daytrader zu langsam ist und für Investoren zu schnell. Mit anderen Worten, in diesem Zeitrahmen gibt es sehr wenige Profis. Sie werden darüber auch nichts hören. Haben Sie in der letzten Zeit in Ihrer Zeitung einen interessanten Artikel über Swingtrading gelesen? Vermutlich eher nicht ...

Welchen Zeitrahmen meine ich? Die Charts, die Swingtrader in der Regel benutzen, sind Stundencharts, oder besser noch 4-Stunden-Charts. In einigen Fällen arbeiten Swingtrader auch mit Tagescharts. Das ist ein Zeitraum, der genau zwischen dem Anleger und dem Daytrader liegt. Sie sitzen hier gleichsam zwischen den Stühlen, und das ist gut so, denn hier sind Sie fast allein.

2. Warum Sie mit dem 4-Stunden-Chart traden sollten

Es gibt gute Gründe, um mit dem 4-Stunden-Chart zu arbeiten. Die kleineren Zeitrahmen, wie der 5-Minuten-Chart oder 15-Minuten-Chart (typisch für die Daytrader), sind nicht repräsentativ für den Moneyflow. Was das große Geld macht, sehen Sie hier nicht. Allerdings können Sie es ganz klar auf dem 4-Stunden-Chart sehen. Ein technisches Muster hat hier einen viel höheren Informationswert. Dieses sagt eher aus, wer im Augenblick den Markt kontrolliert: die Bullen oder die Bären. Das wollen Sie als Trader doch wissen, oder?

Im Gegensatz zu den meisten anderen Tradern, die gern mit Candlestick-Charts arbeiten, benutze ich den **Heikin-Ashi-Chart**. Diese Chartart hat mehrere Vorteile: Der Trend ist durch die visuelle Glättung der Kurse deutlicher erkennbar (im Gegensatz zu Candlesticks). Die Stärke des Trends wird sichtbarer durch die Größe der Kerzen und das Auftreten von Lunten oder Dochten (lange Schatten unter dem Kerzenkörper). Wenn Sie mehr über Heikin Ashi Charts erfahren möchten, können Sie einen Blick auf eine spezielle Website, die ich dafür eingerichtet habe, werfen. Sie finden diese <u>hier</u>.

Anders gesagt: die Heikin Ashi Charts verdeutlichen das Ungleichgewicht zwischen Nachfrage und Angebot sehr gut und zeigen sogar die Wendepunkte klar auf. Sie sind somit ein hervorragendes Instrument, um die Kapitalströme in den Märkten zu erkennen. Das unten stehende Beispiel aus dem Dow Jones Index verdeutlicht dies.

Bild 1: Dow Jones, 4-Stunden-Chart, Heikin Ashi

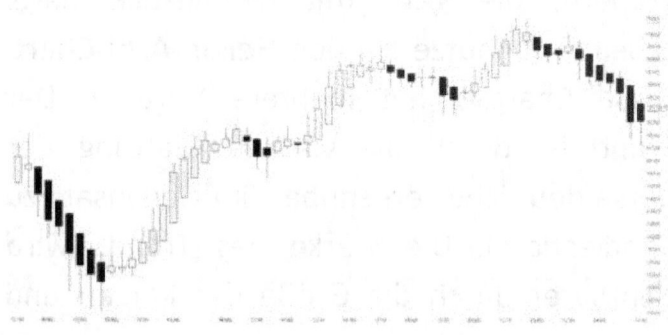

Der 4-Stunden-Chart zeigt die "Swings" sehr deutlich. Es sind Bewegungen, die in der Regel einige Tage dauern. Upswings (weiß, steigende Kurse) und Downswings (schwarz, fallende Kurse) sind in diesem Beispiel eines Heikin Ashi-Charts klar zu sehen. Um dies zu verdeutlichen, zeige ich Ihnen nun den gleichen Ausschnitt des Dow Jones Index in der Candlestick-Darstellung:

Bild 2: Dow Jones Index, 4-Stunden-Chart, Candlestick

Ich hoffe, Sie können den Unterschied erkennen. Selbstverständlich kann man auch mit Candlestick-Charts hervorragend arbeiten. Mir gefällt aber die visuelle Darstellung bei den Heikin Ashi Kerzen besser als bei den Candlesticks. Ich mag es, wenn ich auf dem ersten Blick erfassen kann, ob ein Markt sich in einem Aufwärtstrend oder einem Abwärtstrend befindet.

Auf Candlestick-Charts werden Sie öfter widersprüchliche Signale erhalten. In einem Aufwärtstrend erscheinen plötzlich schwarze Kerzen, die dem Trader den Eindruck geben könnten, dass der Trend zu Ende ist. Solche Fehlsignale filtert der Heikin Ashi-Chart meistens heraus. Das ist ein nicht zu unterschätzender Vorteil.

Dieses Beispiel zeigt auch sehr anschaulich, was erfahrene Trader schon länger wissen: Marktbewegungen dauern in der Regel 3 bis 5 Tage. Nachdem der Markt 5 Tage lang eine Rallye hingelegt hat, beruhigt er sich meist wieder. Er bildet dann eine Konsolidierung oder eine seitliche Bewegung.

In dem obigen Beispiel verlief die Aufwärtsbewegung in drei Wellen, die Sie im Heikin Ashi-Chart dank der weißen Kerzen sehr gut identifizieren können. Diese Wellen dauerten in etwa 24 Stunden (oder acht 4-Stunden-Kerzen). Die dazwischenliegenden Korrekturphasen (meist schwarze Kerzen) dauerten ebenfalls ca. acht Kerzen. Insgesamt dauerte diese Bewegung im Dow Jones also fünf Tage. Drei Tage lang befand sich der Dow in einer Aufwärtsbewegung und zwei Tage in einer Korrektur. Dieses Muster werden Sie immer und immer wieder sehen.

Als Swingtrader wollen Sie selbstverständlich von diesen Swings profitieren. Der 4-Stunden-Chart visualisiert diese Bewegungen sehr gut im Kontext der aktuellen Marktsituation. Im Übrigen funktioniert Swingtrading auch, wenn sich der Markt nicht in einem Trend, sondern in einer volatilen Seitwärtsbewegung befindet. Das unten stehende Beispiel zeigt eine solche Phase.

Bild 3: SP500, 4-Stunden-Chart, Heikin Ashi

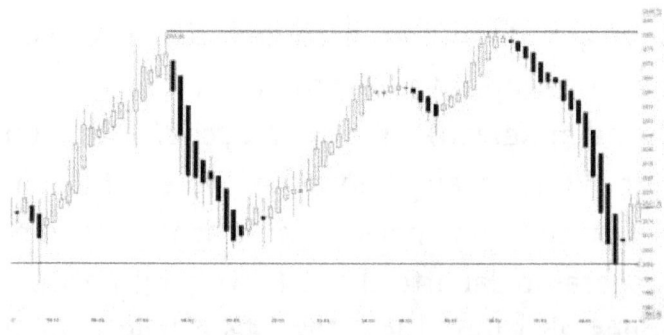

Bild 3 zeigt eine Seitwärtsphase im amerikanischen **S&P500-Index**. Ich habe die obere und untere Begrenzung mit einer horizontalen Linie gekennzeichnet, weil diese in diesem Beispiel signifikant waren. Die untere Linie, die man auch die Unterstützung nennt, fällt exakt zusammen mit der runden Zahl 2000. Ein solches Preisniveau hat in den Finanzmärkten eine wichtige psychologische Bedeutung und wird von vielen, auch institutionellen Marktteilnehmern beachtet.

Es ist von daher nicht von ungefähr, dass der Markt auf diesem Niveau immer wieder

Unterstützung erfährt. Das heißt, dass dort viele Käufer bereitstehen, den Markt aufzufangen, sobald er dieses Preisniveau erreicht. Als Swingtrader sollten Sie solche "psychologische Marken" eine höhere Bedeutung beimessen. In der Regel werden Sie erleben, dass der Markt bei der ersten oder auch bei der zweiten Berührung solcher Levels "dreht".

Timing

Ein weiter wichtiger Grund, um mit dem 4-Stunden-Chart zu arbeiten, ist das Timing. Für Daytrader ist Timing alles. Für Swingtrader gilt: Die Richtung muss stimmen. Sie sollten dem Markt einige Stunden oder Tage Zeit geben, um sich zu entwickeln. Es spielt also nicht so eine starke Rolle, ob Sie den DAX nun bei 9.500 oder bei 9.550 gekauft haben. Hauptsache, die Richtung stimmt.

Als Swingtrader müssen Sie periodische Gegenbewegungen auch verkraften können. Es kann gut sein, dass der Markt vorübergehend 30-50 Punkte gegen Ihre

Position läuft. Dadurch sollten Sie sich noch nicht aus Ihrer Position drängen lassen. Als Daytrader können Sie sich das nicht leisten.

Ihre Gewinne sind auch größer, wenn Sie Swingtrading betreiben. Die unerwarteten Bewegungen, von denen ich zuvor gesprochen habe, nehmen Sie mit dieser Methode meistens mit. Sie können einfach nicht vorher wissen, wann sie auftauchen werden. Aber das ist nicht so schlimm. Als Swingtrader können Sie warten, bis der Markt seine Entscheidungen trifft.

Sie haben meistens auch mehrere Stunden Zeit, um über einen Einstieg nachzudenken. Sie müssen nicht jetzt und sofort gleich kaufen. Ich empfehle auch mit Limit-Orders zu arbeiten. Auf dieser Weise können Sie Ihre Position in aller Ruhe aufbauen, nachdem Sie Ihre Analyse gemacht haben.

Wenn Sie per Market Order kaufen (oder verkaufen, wenn Sie Short gehen) akzeptieren Sie den aktuellen Marktpreis. Dieser ist nicht per se immer der Beste. Oft lohnt es sich eine Limit-Order 50 Punkte tiefer anzusetzen, wenn Sie kaufen wollen. Es kann gut sein, dass der Markt noch mal die Tiefe aufsucht, bevor es dann in die gewünschte Richtung geht.

Last but not least: Sie müssen nicht den ganzen Tag vor dem Bildschirm sitzen. Viele Neulinge an der Börse finden es natürlich sehr spannend, das Auf und Ab der Kurse zu beobachten. Aber das hat mit Geld verdienen nichts zu tun.

Als Swingtrader machen Sie einmal am Tag eine Analyse. Sie setzen Ihre Orders und das war es. Es ist meine eindeutige Erfahrung, dass die Ergebnisse besser werden, wenn Sie nicht permanent Ihre Positionen checken. Ich weiß, dass dies im Zeitalter der Tablets und der Smartphones eine Herausforderung ist. Wenn Sie aber eine Weile getradet haben, werden Sie diese Erfahrung bestätigen können.

Am besten begleiten Sie Ihre Kaufposition (oder Ihre Verkaufsposition, wenn Sie Short gehen) mit einer OCO-Order. Ihre Position ist somit automatisch geschützt durch eine Stopp-Loss-Order, um die Verluste zu begrenzen und durch eine Take Profit-Order, um die Gewinne zu realisieren, wenn das Kursziel erreicht wird.

Entweder wird die eine oder die andere Order ausgelöst. Die jeweilige noch offenstehende Order wird dann vom System automatisch geschlossen. Den Rest überlassen Sie am besten dem Markt. Sie können Ihren PC oder Ihren Laptop schließen und etwas anderes tun.

Diese Vorgehensweise nennt man „Set and Forget!" Der Trader platziert sein Kauf-Limit, der automatisch von einem vorab bestimmten Stop-loss-Order und ein Take-Profit-Order begleitet wird. Er hat somit sein maximales Risiko bestimmt und zeitgleich ein Preisniveau ausgemacht, an dem er den Gewinn realisieren möchte.

Bild 4: wartende Short-Position im Crude-Oil-Future

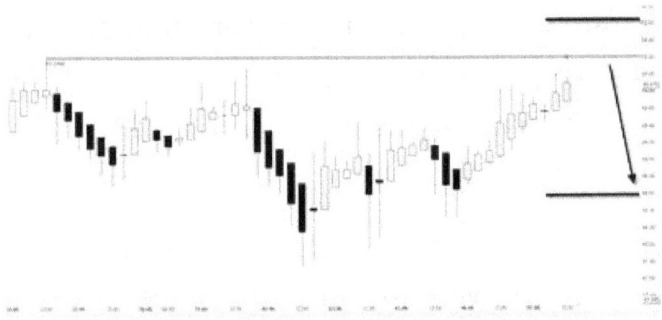

Um dies zu verdeutlichen, möchte ich ein Beispiel für eine Short-Position im Crude-Oil (Öl-Future) zeigen. Die horizontale Linie ist ein Widerstands-Niveau bei US$ 50,20, an dem ich verkaufen möchte (also Short gehen). Wie Sie sehen, hatte der Markt im Augenblick als ich den Screenshot gemacht habe dieses Niveau noch nicht erreicht. Mein Verkaufslimit wartete also noch, bis dieses Ereignis eintrat.

Gleichzeitig hatte ich diese Verkaufs-Order mit einem Stop-Order bei US$ 50,60 (schwarze Strich oben) und einem Take-Profit-Order bei US$ 48,80 (schwarze Strich unten) begleitet. In dem Augenblick, in dem mein Verkaufslimit bei US$ 50,20 ausgeführt würde, würden die beiden anderen Ordern automatisch aktiviert werden. Ich wusste also, dass ich bei diesem Trade maximal 0,40 US$ riskiere und dass ich 1,40 US$ gewinnen konnte. Dies entspricht ein Chance-Risiko-Verhältnis von über 1:3, was ausgezeichnet ist.

Sollte eine der beiden Begleit-Orders ausgeführt werden, wird die andere Order automatisch gelöscht. Ich brauche als Trader nichts zu tun als zu warten, wie sich der Markt entscheiden wird. Diese Art von Gelassenheit dem Markt gegenüber sollten Sie als Swingtrader entwickeln, denn Sie können mit Ihrer Analyse Ihr Bestes tun, letztendlich entscheidet der Markt, ob Ihnen Ihr nächster Trade einen Gewinn oder einen Verlust bringen wird.

Wenn Sie immer Trades eingehen mit einem guten CRV, dann wird sich diese gute Gewohnheit früh oder später in ein positives Trading-Ergebnis niederschlagen. Durch eine qualitative gute Auswahl der Trades (das wird das Thema des zweiten Buches dieser Reihe)

3. Welche Märkte sind für Swingtrading geeignet?

Im Prinzip kann man in allen Märkten Swingtraden. Aktien sind gute Instrumente, da diese teilweise sehr starken Schwankungen aufweisen. Aber nicht jeder ist gut in Aktien. Es muss einem liegen. Ich zum Beispiel bin gar nicht gut in Aktien. Und das hat durchaus damit zu tun, dass die Aktienmärkte irgendwann am Abend schließen, um dann am nächsten Morgen wieder aufzumachen.

Dies geschieht nicht immer zu Ihrem Vorteil, denn der Schlusskurs des einen Tages stimmt nicht per se überein mit dem Eröffnungskurs des nächsten Tages. Es kommt öfter zu Differenzen, die man Overnight-Gaps oder Kurslücken nennt. Diese können natürlich zu Ihrem Vorteil auftreten, aber auch zu Ihrem Nachteil. Es macht wirklich keine Freude, wenn Sie am nächsten Morgen aufstehen, und die Aktie, die Sie gestern gekauft haben, steht 5 % tiefer.

Die Alternative für Trader, die große Kurslücken bei Aktien umgehen wollen, heißt: Nur Märkte traden. Was möchte ich damit sagen? Sie handeln als Trader allgemeine Märkte statt Aktien. Dies können Aktienindizes sein (Dow Jones, DAX, Nasdaq, S&P500), Rohstoffe (Gold, Silber, Öl) und Währungen (Euro, Dollar, Pfund, Yen ...).

Wenn Sie „Märkte" traden statt Aktien, werden Sie zwar gelegentlich auch Kurslücken erfahren, diese fallen aber in der Regel viel kleiner aus als bei Aktien. Der Grund ist einfach. Wenn Sie zum Beispiel den Dow Jones-Index traden, sind sie nicht in einem, sondern 30 Unternehmen investiert. Der Dow Jones ist nichts anderes als ein Korb der 30 wichtigsten amerikanischen Konzernen.

Die unterschiedlichen Kurslücken in diesen 30 Aktien gleichen sich meist aus, wodurch die Overnight-Gaps im Dow Jones Index meist moderat sind. Sollten Sie als Trader mal eine Phase erleben, in der Sie auch in Aktienindizes Kurslücken von 5 % oder mehr sehen, dann sollten Sie ernsthaft über eine

Trading-Pause nachdenken.

Solche extreme Gaps tauchen meist in Zeiten von erhöhter Volatilität auf, wie dies zum Beispiel in 2008 während der Finanz-Krise der Fall war. Zum Glück sind diese Phasen meist kurz und treten nicht allzu oft auf. Auszuschließen sind sie aber nicht, weshalb Sie immer ein Auge auf den VIX haben sollten. Der Vix ist die Kürzel für CBOE Volatility Index. Er drückt die Schwankungsbreite des US-amerikanischen Aktienindex S&P 500 aus.

Bild 5: VIX, 2006-2016

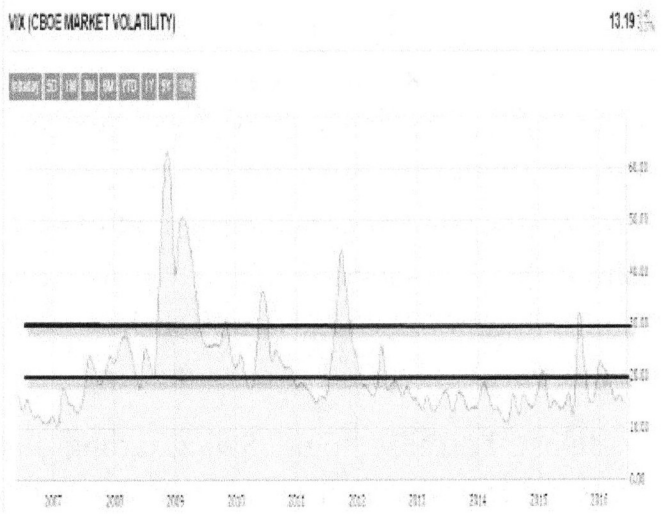

Bild 5 zeigt einen Chart des VIX von 2006 bis 2016. Die beiden horizontalen Linien im Chart sind der Gradmesser für die Volatilität. Werte unter 20 werden als „niedrige Volatilität" betrachtet, während Werte über 30 als „hohe Volatilität" eingestuft werden. Zum Zeitpunkt des Screenshots lag die Volatilität bei 13.19, was fast als historisch niedrig betrachtet wurde. Deutlich zu sehen sind die Jahre, in denen die Volatilität weit über die 30-Marke stieg. Diese waren in diesem Fall 2008 und 2011.

Nicht zufällig stimmen diese Phasen mit der Finanzkrise von 2008 und die Eurokrise von 2011 überein. Im November-Dezember 2008 erreichte der VIX Extremwerte von über 60 Punkten. Das waren die Wochen der Lehman-Brothers-Pleite. Die Weltwirtschaft stand am Rand des Abgrunds, und ich empfehle Ihnen, sollte eine solche Phase an den Finanzmärkten nochmals auftauchen, das Trading vorübergehend zu einzustellen.

Ich selbst betreibe mein Swingtrading mit einem Korb von Indizes, Rohstoffen und

Währungen. Hier ist die Liste:

Indizes: DAX, Dow Jones, SP500, Nasdaq100

Anleihen: Bund-Future (Future auf die Deutschen 10-jährigen Anleihen).

Rohstoffe: WTI Rohöl, Gold und Silber

Währungen: EUR/USD, EUR/JPY, GBP/USD, USD/JPY, USD/CHF, AUD/USD, NZD/USD, USD/CAD

Das sind insgesamt 16 Märkte. Glauben Sie mir: Wenn Sie diese Märkte täglich beobachten, haben Sie ein ziemlich genaues Gefühl für das, was an den Finanzmärkten im Augenblick passiert. Die etwas erfahreneren Trader wissen natürlich, dass all diese Märkte korrelieren. Das bedeutet, dass sie sich mehr oder weniger aufeinander beziehen.

Obwohl sich die Korrelationen im Laufe der Zeit ändern können, kann man dennoch einige generelle Regeln aufstellen, die meistens gültig sind:

1. Aktienindizes korrelieren meistens stark. Wenn die amerikanischen Märkte steigen, werden Sie meistens erleben, dass dies die asiatischen oder europäischen Indizes genauso tun. Die drei wichtigsten amerikanischen Aktienindizes Dow Jones Industrials, S&P500 und Nasdaq100 kann man getrost immer noch die Zugpferde der Weltbörsen nennen. Wenn sich diese Drei in einen Abwärtstrend befinden, werden die anderen Indizes es in der Regel schwer haben, dagegen zu halten.

2. Der US Dollar ist nach wie vor die wichtigste Währung der Welt. Steigt der US-Dollar, fallen in der Regel die anderen Hauptwährungen wie Euro, Australische Dollar, Britisches Pfund, Neuseeländische Dollar, Kanadische Dollar oder Schweizer Franken.

3. Ein starker Dollar ist meist ungünstig für Rohstoffe wie Gold, Silber oder Öl und umgekehrt. Diese Korrelation kann sich natürlich zeitweilig ändern. Aber Sie werden erleben, dass sie sich früh oder später wieder einstellt.

Zum Thema Korrelationen wäre ein ganzes Buch zu schreiben. Wenn Sie aber die drei angeführten Regeln kennen, unterscheiden Sie sich schon von der Mehrheit der Marktteilnehmer, die nichts darüber wissen. Wenn Sie sich zum Beispiel mit den Korrelationen bei den Währungen beschäftigen wollen, empfehle ich diese Website. Hier finden Sie Informationen zur Änderung der Korrelationen in den wichtigsten Devisenpaaren auf Stunden, 4-Stunden- und Tagesbasis.

Bild 6: Swingtrading-Desk

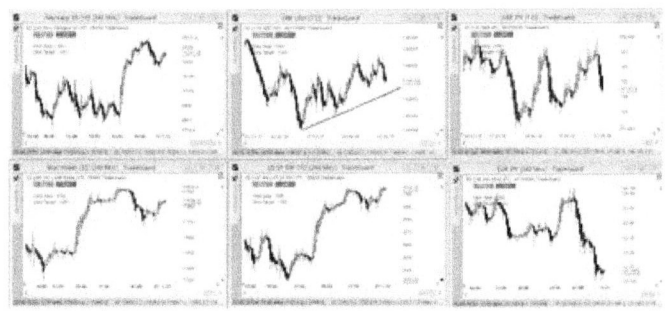

Für Bild 6 habe ich ein Screenshot meiner Trading-Plattform gemacht. Wie Sie sehen können, halte ich es einfach. Ich habe die Charts auf 4-Stunden in der Heikin Ashi-Darstellung eingestellt. Ansonsten verwende ich keine Indikatoren oder zusätzliche Tools. Ich versuche das Gesamtbild der wichtigsten Märkte im Auge zu behalten. Der 4-Stunden-Chart liefert mir dabei in der Regel eine Übersicht, was in den letzten Wochen in einem Markt passiert ist.

4. Mit welchen Instrumenten können Sie swingtraden?

Die meisten Märkte auf meiner Liste können Sie mit einem ETF traden. ETF steht für Exchange-Traded Fund. Das ist ein Investmentfonds, der an einer Börse gehandelt wird. Wenn Sie nichts über ETFs wissen, werden Sie sicher über eine einfache Googlesuche fündig. Es gibt auch ausgezeichnete E-Books zu dem Thema.

Die meisten ETFs, die sich auf die großen Finanzmärkte beziehen, haben eine gute Liquidität. Sie bekommen enge Spreads (An- und Verkaufskurse) und Sie haben meistens auch kein Problem Ihre Position wieder zu veräußern, wenn Sie dies möchten. Hier eine kleine Liste der bekanntesten ETFs. Den unterliegenden Märkten habe ich daneben geschrieben.

- SPY: S&P500

- QQQ: Nasdaq

- GLD: Gold

Wenn Sie vorhaben Ihr Swingtrading mit Futures zu betreiben, dann werden Sie es auch hier mit Kurslücken zu tun bekommen, denn auch Futures-Märkte haben Öffnungszeiten. In der Regel sind Kurslücken in Märkten kleiner als bei Aktien. Liquide und bekannte Märkte eröffnen den nächsten Tag eben nicht sehr oft mit großen Lücken.

Viele Swingtrader setzen für Ihr Swingtrading-Business CFDs ein. CFD steht für Contracts for Difference, also Differenzkontrakte, die der Kursbewegung eines Marktes 1 zu 1 nachbilden. Diese Instrumente haben aber ähnlich wie Futures einen sehr hohen Hebel. Um dies zu verdeutlichen, möchte ich ein Beispiel aus dem DAX anführen.

Nehmen wir an, Sie möchten 1 CFD-Kontrakt auf dem DAX kaufen zu einem Preis von 10.000 (DAX-Index-Stand 10.000). Je nach Broker müssen Sie für diesen Kontrakt eine Margin von 1 % hinterlegen. Das heisst: es reicht, wenn Sie 100 Euro auf dem Konto haben, damit Sie 1 Kontrakt kaufen können. Sie bewegen also mit 100 Euro 10.000 Euro!

Steigt der DAX nun bis auf 10.500 Punkte und Sie verkaufen, haben Sie einen Gewinn von 500 Punkten oder 500 Euro realisiert. Die meisten CFD-Trader, die ich kenne, haben meist nicht mehr als 1000 Euro auf dem Konto. Realisieren Sie einen Gewinn von 500 Punkten mit diesem Trade, vermehren Sie also Ihr Kapital mit 50 %. Und dies mit einem Trade!

Solange Sie gewinnen, ist dies natürlich prima. Sie sollten aber immer vor Augen haben, dass diese Hebelwirkung genauso gültig ist, wenn Sie verlieren. Machen Sie in diesem Fall einen Verlust von 500 Punkten, haben Sie bereits   50 % Ihres Kapitals in den Sand gesetzt! Nicht gerade ein erhebendes Gefühl ...

Sie sollten sich daher sehr gut überlegen, ob Sie Ihr Swingtrading-Business gleich mit Hebelinstrumenten starten wollen. Oft ist es besser, die Sache etwas konservativer anzugehen und erstmal mit ETFs zu handeln, die meist wenig oder gar keinen Hebel aufweisen. Zwar werden Sie hier natürlich weniger gewinnen, aber Ihre Verluste halten sich dann auch in Grenzen.

Wenn Sie das Risiko der Kurslücken vollständig ausschließen wollen, sollten Sie ausschließlich Währungen traden. Diese werden unter der Woche 24 Stunden durchgehandelt. Der Markt eröffnet am Sonntagabend und schließt erst am nächsten Freitagabend wieder. Hier gibt es also keine bösen Überraschungen.

Sie sollten dann spätestens am Freitagabend alle offenstehenden Positionen schließen. In der Regel können Sie diese am Sonntagabend oder Montagmorgen wieder eröffnen, wenn Sie der Überzeugung sind, dass sie nach dem Wochenende weiterhin gehalten werden sollten.

Wenn Sie Währungen handeln, können Sie außerdem Ihr Risiko optimal kalkulieren. Sie riskieren dann nur die Entfernung zwischen dem Kaufpreis (oder Verkaufspreis bei Short-Positionen) und Ihrem Stop-Loss-Auftrag.

Dies ist ein wichtiger Vorteil. Außerdem können Sie die Positionsgrößen bei den meisten Brokern sehr gut steuern. Ich empfehle am Anfang mit sogenannten Mikrolots zu handeln. Das sind 1000 US$-Lots. Jede kleinste Kursänderung von einem Pip kostet Sie hier lediglich 0,1 US$. Wenn Sie mal 50 Pips verlieren, dann haben Sie lediglich US$ 5 verloren. Das ist sicher zu verkraften.

5. Swing Trading-Setups

Nun kommen wir zu dem wichtigsten Teil meiner Methode: die Setups, die ich trade. Auch hier versuche ich es so einfach wie möglich zu halten. Ich werde nachfolgend einige Beispiele von Setups zeigen, die ich oft trade. Ein Setup ist im Grunde nicht mehr als ein bestimmtes Muster auf einem Börsenchart. Da bestimmte Muster immer wieder auftauchen, haben sich die Trader im Laufe der Jahre über bestimmte Begriffe geeinigt. Die meisten sind so einfach, dass sie dem Laien auch sofort einleuchten.

Im Übrigen rede ich hier zunächst lediglich über Einstiegschancen. Wo der Stop platziert werden sollte, und wo ich in einer bestimmten Marktsituation ein Kursziel ausmache, das wird Gegenstand des dritten Buches dieser Serie über Swingtrading sein. Der Titel des dritten Buches lautet demnach: „Wo setze ich meinen Stop?". Ich beginne also zunächst mit dem einfachen Part: wo steige ich ein? Die Frage: wo steige ich aus? (die die viel wichtigere Frage ist ...) wird dann eben im Laufe dieser Reihe nach und nach behandelt.

A. Unterstützung und Widerstand

Für manche Trader mag dieses Konzept womöglich zu einfach sein. Fakt ist, dass Unterstützung und Widerstand nach wie zu den mächtigsten Setups gehören, die die Börse zu bieten hat, vorausgesetzt man weiß, was man tut.

Die Begriffe Unterstützung und Widerstand stammen aus der Technischen Analyse. Analysten sprechen von einer Unterstützung, wenn sie ein Preisniveau im Chart entdecken, an dem der Kurs immer wieder nach oben dreht. Dies bedeutet, dass an der Unterstützung offenbar der Kaufdruck zunimmt, der die Preise wieder in die Höhe treibt. Beim Widerstand geschieht genau das Umgekehrte. Hier tauchen vermehrt Verkäufer auf, die die Preise nach unten drücken.

Der Grund, weshalb es solche Preislevels gibt, mag verschieden sein. In Aktienmärkten passiert es oft, dass eine größere Adresse zu kaufen beginnt, sobald ein bestimmtes Preisniveau erreicht wird. Ein geschickter Trader kann von diesem Umstand profitieren, indem er an diesem Preisniveau ebenfalls kauft und mit dem großen Hai mitschwimmt, solange dieser die Preise nach oben treibt.

In Aktienindizes oder in den Devisenmärkten gibt es diesen Fall natürlich auch. Aber hier spielen oft rein charttechnische Erwägungen eine Rolle. Die allgemeinen Märkte sind eher technisch orientierte Märkte. Oft sind Zehntausende Trader weltweit involviert, die alle die gleichen Preismarken auf ihren Charts beobachten. Kein Wunder, dass die Preise an bestimmten Levels wie von Wunderhand drehen, und dies oft mehrmals nacheinander.

Ein Swingtrader, der diese Drehpunkte zu erkennen vermag, kann daraus durchaus eine profitable Strategie entwickeln. Er kauft die Unterstützung und verkauft an dem Widerstand (oder geht dort Short). Ich möchte das Konzept anhand einiger Beispiele illustrieren.

Bild 7: Crude Oil, 4-Stunden-Chart, Heikin Ashi

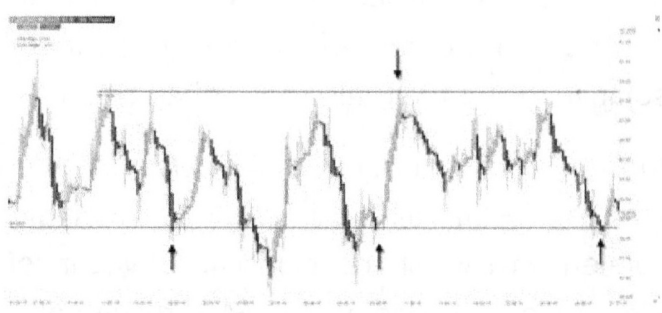

Dieses Beispiel aus dem Mini Crude Oil-Future illustriert das Konzept ziemlich gut. Der Ölpreis scheint hier zwischen zwei Bereichen zu schwanken und verläuft erkennbar seitwärts. Man nennt dies eine "Range". Deutlich zu sehen ist das obere Preislevel bei US$ 61,74, an dem Crude immer wieder nach unten dreht (obere horizontale Linie). Ein solches Preislevel nennen die Analysten Widerstand.

Unten angekommen bei US$ 58,28 dreht der Preis wieder nach oben (untere horizontale Linie), weswegen Technische Analysten von

Unterstützung sprechen. Es ist eine typische Eigenart des Ölmarktes, dass der Preis gerne etwas "übertreibt". Wir sehen dies in diesem Beispiel vor allem bei der Unterstützung. Diese wurde gleich zwei Mal ordentlich nach unten durchbrochen. Wenige Stunden danach kehrte der Ölpreis in die Range zurück. Wie man solche Übertreibungen oder "Fakes" handelt beschreibe ich im zweiten Teil dieser Serie über Swingtrading.

Solche Ranges können in allen Märkten vorkommen. Der Kurs ist gleichsam gefangen zwischen zwei Levels, an denen ihn größere Marktteilnehmer entweder kaufen (Unterstützung) oder verkaufen (Widerstand). Ein geschickter Swingtrader kann sich diesem Umstand zunutze machen, indem er die Unterstützung kauft, mit Kursziel Widerstand und den Widerstand verkauft mit Kursziel Unterstützung. Schützende Stops platziert der Trader am besten etwas unter das Tief der letzten Kerzen oder über dem Hoch der letzten Kerzen bei Short-Positionen.

B. Doppeltop und Doppelboden

Ein interessantes Einstiegsmoment sind die sogenannten Doppeltops und Doppelbodens. Ein Doppeltop entsteht, wenn der Kurs nach einer ersten Konsolidierung das Hoch des vorherigen Anstieges erneut erreicht. Er vermag aber nicht weiter nach oben auszubrechen. Die Kurse fallen zurück, weil alle Marktteilnehmer nun wissen, dass der Kaufdruck nachgelassen hat.

Bild 8: EUR/USD, Tageschart, Heikin Ashi

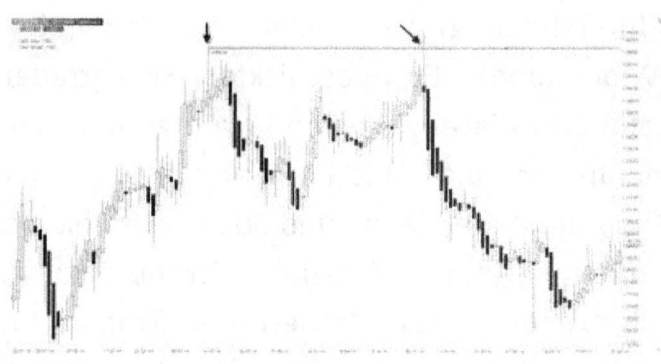

Dieses Beispiel eines Doppeltops im EUR/USD ereignete sich zwischen März und Mai 2014.

Der Euro hatte sich in den Monaten nach der sogenannten "Eurokrise" wieder erholt und steuerte die runde Marke von 1,40 gegenüber dem US-Dollar an. Hier bildete er den Doppeltop im Bild 8 (beide Pfeile).

Interessant war, dass bei der zweiten Spitze des Doppeltops (Pfeil rechts) am 8. Mai 2014 das erste Hoch vom 13. März zwar kurzfristig überwunden wurde, die Tageskerze aber unter dem ersten Hoch schloss. Die Kurse hatten sich im Laufe dieses Handelstages der Marke 1,3992 angenähert, schafften es aber nicht die runde Marke 1,40 auch nur einmal zu berühren.

Auf solche Details sollten Swingtrader achtgeben. Diese Information sagt dem Trader, dass an der runden Marke 1,40 massive Verkaufsorders liegen mussten, die den Euro daran hindern sollten, dieses Level zu überwinden. Die Folge war ein klarer Abverkauf des Währungspaares in den darauffolgenden Tagen und Wochen. Es ging gleich 500 Pips tiefer.

Das war aber noch nicht alles. Dieser erste Abverkauf war lediglich der Startschuss eines weiteren massiven Abwärtstrends im EUR/USD, der das Paar bis unter 1,05 führte. Anders gesagt: Der Doppeltop war gut für insgesamt 3500 Pips! Wer hier Short gegangen wäre und einen schützenden Stop etwas über 1,40 gesetzt hätte, hätte eine traumhafte Rendite erwirtschaftet.

Diese Gelegenheiten sind zwar selten, aber es gibt sie, und ich bin der Meinung, dass ein gewiefter Swingtrader versuchen sollte, zumindest einen Teil dieser Bewegungen mitzunehmen. Ein einziger Trade dieser Kategorie kann das Geschäftsjahr eines Traders profitabel machen.

Die umgekehrte Situation ereignet sich bei dem Doppelboden. In dem unten stehenden Beispiel von Februar 2016 im E-Mini (Bild 9) hatte der Kurs ein erstes Tief erreicht, woraufhin er sich zeitweilig erholte. Bei einem erneuten Rückfall erreicht er ein zweites Mal das erste Tief, aber hier vermochten die Verkäufer die Kurse nicht weiter nach unten zu drücken. Ergebnis: Die Kurse fingen wieder an zu steigen und der Doppelboden war perfekt.

Bild 9: E-Mini, Tageschart, Heikin Ashi

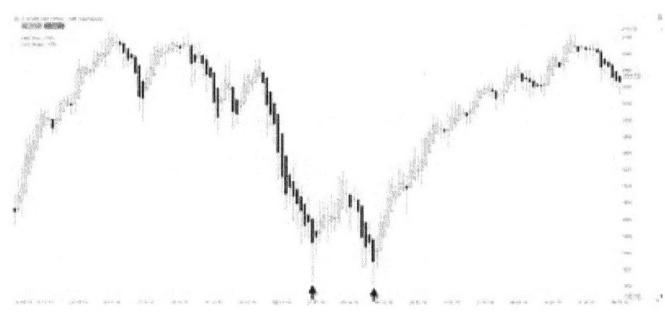

Dieses Beispiel aus dem Future auf den amerikanischen Aktienindex S&P500 ist geradezu mustergültig. Am 20. Januar 2016 erreichte der Kursverlauf ein erstes Tief bei 1804. Die Kurse erholten sich zwar ein wenig in den darauffolgenden Handelstagen, kamen aber ein zweites Mal zurück und bildeten ein zweites Tief am 11. Februar 2016 bei 1802,50. Nun ist dieses zweite Tief zwar "etwas" tiefer als das Erste. Im Laufe des Tages erholte sich der E-Mini und bildete eine sogenannte Umkehrkerze. Das ist eine Kerze, die zwar ein neues Tief markiert aber im Verlauf der Handelssitzung Nahe des Tageshochs schließt. Es ist den Verkäufern also nicht gelungen, die Preise tief zu halten.

Am nächsten Tag bildete der E-Mini einen Spinning Top. Das ist eine Formation mit einem kleinen Körper aber mit langen Schatten über und unter dem Körper. Eine solche Kerze deutet auf eine Gleichgewichtssituation zwischen Käufern und Verkäufern. Zumindest war der Verkaufsdruck aus dem Markt, und die Chance, dass wir es mit einem Doppelboden zu tun hatten, war nun gegeben.

Bild 10: FDAX, 4-Stunden-Chart, Heikin Ashi

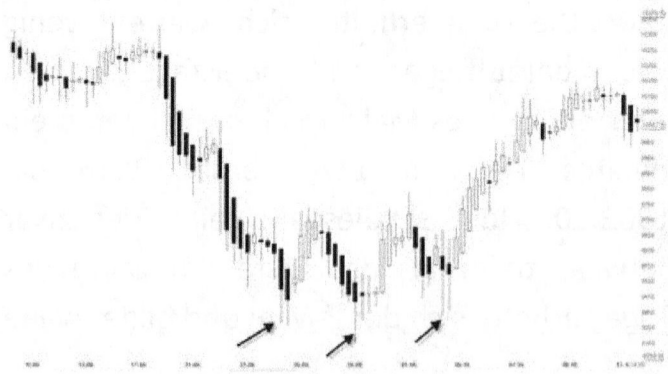

Ausgezeichnete Trading-Chancen sind auch dreifacher Boden wie hier im Bild 10 im FDAX. Diese Bodenbildungsformation war auch deshalb so interessant, weil das mittlere Tief (mittlerer Pfeil) etwas tiefer lag als das Erste und das Dritte. Dies signalisiert dem Trader, dass einerseits die Tiefs hier wirklich ausgelotet wurden und andererseits auf diesem Level immer Käufer bereitstanden, den Markt aufzufangen.

Man erkennt diese Tatsache an den langen Schatten unter den Kerzen (drei Pfeile). Dadurch wurden diese Kerzen zu den bereits erwähnten Umkehrkerzen, die eine 180 %-Drehung in die andere Richtung suggerierten, was nach dem dritten Tief dann auch tatsächlich geschah. Das Kaufsignal kam dann nach der ersten weißen Kerze nach der letzten Umkehrkerze (dritter Pfeil rechts).

Bild 11: SMI-Future, Tageschart, Heikin Ashi

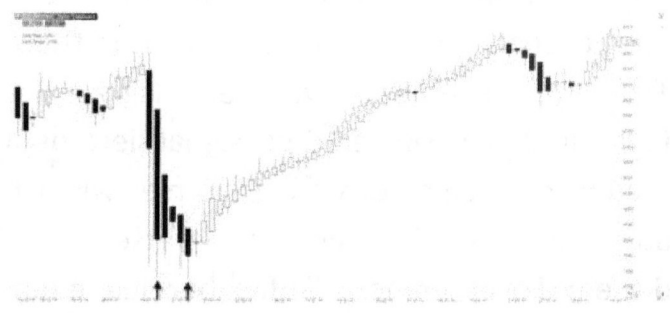

Außergewöhnliche Ereignisse bringen manchmal auch außergewöhnliche Chancen mit sich. Manche Trader werden sich an den sogenannten "Frankenschock" vom 15. Januar 2015 erinnern. Das war der Tag, an dem die Schweizerische Nationalbank die Kopplung des Franken an den Euro mit einem Schlag aufhob. Der Franken verteuerte sich innerhalb von einer halben Stunde um 20 %, was im Devisenmarkt eine erdrutschartige Bewegung darstellt.

Dies ging natürlich an dem schweizerischen Aktienmarkt nicht spurlos vorbei. Bild 11 zeigt den SMI-Future, also den Future auf den schweizerischen Aktienindex aus diesen Tagen. Nachdem sich der Index in den Tagen nach dem Crash etwas beruhigt hatte, war auf dem Heikin Ashi-Chart ein Doppeltief (Pfeile) zu beobachten, der eine außergewöhnliche Chance lieferte. In den darauffolgenden Wochen erholte sich der Index von diesem Ereignis vollständig. Die Verluste wurden Tag für Tag aufgeholt, was die Heikin Ashi-Kerzen eindrucksvoll belegen.

Es lohnt sich also durchaus auch als Swingtrader Märkte anzuschauen, die zum Beispiel einen ordentlichen Crash erlebt haben. Entscheidend ist, dass Sie eine Formation feststellen, die eine Umkehr vermuten lässt, so wie dies im SMI der Fall war. Irgendwann erholen sich Märkte auch von den tiefsten Schlägen, die sie bekommen haben.

Bei Aktien ist dies nicht immer der Fall, denn im Gegensatz zu Indizes, die einen ganz Korb von Aktien repräsentieren, können Aktien von Unternehmen durchaus auf 0 zurückfallen, wie manche spektakulären

Pleiten der Wirtschaftsgeschichte eindrucksvoll belegen. Das ist auch ein Grund, weshalb ich mich als Swingtrader eher mit allgemeinen Märkten beschäftige. Märkte gehen nicht Pleite. Unternehmen schon.

C. Ausbrüche (Breakouts)

Zugegeben, Ausbrüche sind in den letzten Jahren in die Kritik geraten, und das zu Recht. Das Argument ist: es gibt zu viele falsche Ausbrüche (false breakouts), um dieses Muster noch profitabel handeln zu können. Ich verstehe dieses Argument, aber ich möchte zugleich klarstellen, dass man nicht alle Breakoutsituationen gleichsetzen kann.

In dem zweiten Buch dieser Serie über Swingtrading gehe ich ausführlich auf das Phänomen der sogenannten Fehlausbrüche oder "Fakes" ein und zeige, wie man daraus sogar eine sehr profitable Trading-Strategie entwickeln kann, die den Gegebenheiten der heutigen Märkten gerecht wird.

Es gibt sicher Ausbrüche, die man besser links liegen lässt. Eine meiner Regeln lautet: Je länger die vorangehende Konsolidierung dauert (je mehr Versuche der Markt unternimmt, eine Unterstützung oder einen Widerstand zu brechen) desto bedeutender wird ein möglicher Ausbruch. Mit anderen Worten: Fünf Versuche sind viel bedeutsamer als drei. Wenn ich so etwas sehe, dann bin ich interessiert.

Bild 12: EUR/JPY, 4-Stunden-Chart, Heikin Ashi

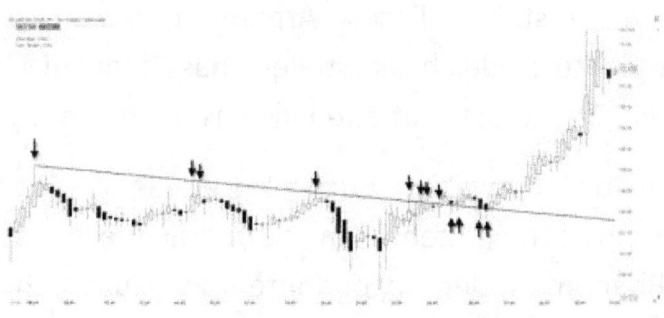

Dieses Beispiel aus dem Währungspaar EUR/JPY (Euro - Japanischer Yen) verdeutlicht hoffentlich, was ich sagen will. Wir sehen, dass das Paar mehrmals versuchte, eine flach ablaufende Widerstandslinie zu überwinden. Es gab insgesamt 8 Versuche, bis es dem Paar gelang (Pfeile von oben). Der Ausbruch war nicht, wie so oft in solchen Fällen spektakulär. Im Gegenteil, das Paar pendelte stundenlang über der Linie und machte immer wieder kurze Ausflüge drunter (4 Pfeile von unten nach oben).

Der Swingtrader hatte also alle Zeit, sich einen guten Einstieg zu überlegen, der sich dann irgendwann auch ausgezahlt hat. In der Spitze waren bis zu 400 Pips zu holen!

D. Flaggen

Nach starken Trendbewegungen kommt es öfter zu vorübergehenden Konsolidierungen. Der Markt kommt gleichsam für eine kurze Zeit zur Ruhe, setzt dann aber seine Trendbewegung fort. Deswegen sprechen wir in dem Fall von Trendfortsetzungsformationen. Diese Formationen können unterschiedliche Formen annehmen, aber die Bekanntesten sind wohl die sogenannten Flaggen.

Das Bild der „Flagge" hat sich bei den Tradern deshalb festgesetzt, weil die Formation tatsächlich wie eine Art Flagge ausschaut. Der vorangehende Aufwärtstrend wird als Fahnenstange bezeichnet, während die kurze gegenläufige Konsolidierung als Flagge gesehen werden kann. Dementsprechend gibt es nicht nur Flaggen, sondern auch Wimpel. Bei einer Wimpel verläuft die Konsolidierung nicht in einem parallelen Trendkanal wie bei der Flagge sondern läuft auf eine Spitze zu.

Wenn Sie auf eine Trendfortsetzung spekulieren, gehen Sie davon aus, dass dieser Trend stark und noch längst nicht zu Ende ist. Eine Flagge suggeriert dies zumindest. Im Gegensatz zum Range-Trading setzen Sie hier auf die wirklich großen Trends, die es an der Börse natürlich immer wieder gibt.

Flaggen sind ausgezeichnete Einstiegsmöglichkeiten für einen Trader, der sie auf einem Chart zu identifizieren vermag. Es gibt Trader, die sich ausschließlich mit diesem Muster befassen und nur Flaggen traden. Flaggen in einem Aufwärtstrend nennt man eben bullishe Flaggen. In einem Abwärtstrend bearishe Flaggen. Meistens verlaufen sie entgegen dem Haupttrend wie im Bild 13.

Bild 13: FDAX, 4-Stunden-Chart, Heikin Ashi

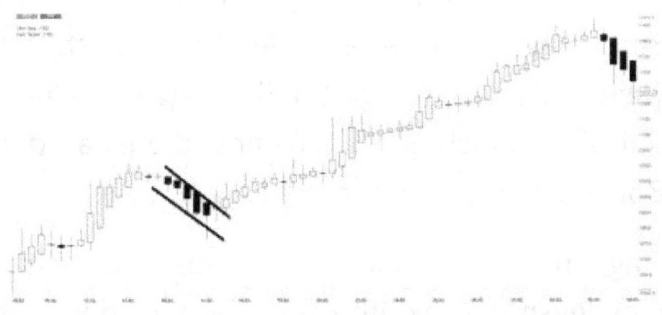

Dieses Beispiel im FDAX illustriert das Konzept einer bullishen Flagge sehr gut. Wir sehen links im Chart einen klaren Aufwärtstrend. Die meisten Heikin Ashi-Kerzen sind weiß. Dann ereignet sich für einige Stunden eine scheinbare gegenläufige Bewegung. Hier sind die Kerzen schwarz, da es nun zeitweilig wieder nach unten geht. Diese Konsolidierungsphase dauert nur kurz. Bald fängt der FDAX wieder an zu steigen.

In der Regel verlaufen Flaggen in einem kleinen Trendkanal. Der Bruch der oberen Linie dieses Kanals liefert das Kaufsignal. Bullishe Flaggen sind deshalb auch interessant, weil sie meist in starken Trendphasen auftreten, wie in diesem Beispiel. Der Markt sollte nach Beendigung der Flagge dann auch bald seinen Trend fortsetzen. Absichern kann der Trader seine Position mit einem Stop etwas unter dem Trendkanal der Flagge.

Bei Flaggen erreicht der Trader meist ein interessantes Chance-Risiko-Verhältnis. Hier konnte bei einem Einstieg bei 10.900 Punkten die Position mit einem Stop von 100 Punkten abgesichert werden. Dieser Swingtrade erbrachte aber 1500 Punkte! Anders gesagt: der Trade erwirtschaftete ein außergewöhnliches CRV von 1:15!

Dies ist in einem Index wie der DAX ein gewaltiger Gewinn, der nie in Gefahr kam. Während der Kaufwelle nach der Flagge blieben die Heikin Ashi Candles permanent weiß. Der Ausstieg erfolgte dann 1500 Punkte höher bei der ersten schwarzen Kerze.

Solche Chancen gibt es im 4-Stunden-Chart immer wieder. Darum glaube ich, dass diese

Zeiteinheit auch sehr profitabel sein kann, wenn der Trader die Geduld hat, auf solche Gelegenheiten zu warten.

6. Money Management

Money Management ist mit Sicherheit eines der wichtigsten Werkzeuge eines Traders. In Bezug auf das Risiko ist natürlich festzustellen, dass dies von jedem Trader anders gehandhabt wird. Eine Faustregel besagt, dass Sie nie mehr als 1 % Ihres Kapitals pro Trade riskieren sollten.

Es gibt dafür einen guten Grund. Angenommen, Sie Liegen 10-mal in Folge falsch (was nicht ungewöhnlich ist, wenn es auch selten auftritt). Sie verlieren also bei 1 % Risiko 10 % Ihres Kapitals. Sie müssen dann wieder 11 % Gewinn machen, um wieder auf Break-even (auf 0) zu kommen. Das ist machbar.

Riskieren Sie aber 5 % pro Trade (was viele Anfänger gerne machen ...), dann sind Sie bei 10 Verlierern in einer Reihe schon die Hälfte Ihres Kapitals los. Es versteht sich von selbst, dass dies extrem schädlich für Ihre Trader-Psyche ist. Abgesehen von der Tatsache, dass

Sie dann 100 % Gewinn machen müssen, um wieder auf Einstand zu kommen.

Einen weiteren Ansatz, den ich Ihnen empfehlen würde, ist einfach einen festen Betrag als maximales Risiko per Trade festzulegen. Sie könnten zum Beispiel mit sich selbst vereinbaren, dass Sie nicht mehr als 100 Euro pro Trade riskieren würden. Das wäre dann Ihre aktuelle Komfort-Zone. Später, wenn Ihr Wissen und Vertrauen gestiegen ist, können Sie diese Summe immer noch erhöhen.

7. Trading Tagebuch

Ein Trading-Tagebuch oder Protokoll würde ich jedem Trader (nicht nur Anfängern) empfehlen. Ich halte selber seit Jahren ein Tagebuch meiner Trades. Warum? So bekommen Sie nach einer Weile sehr interessante Statistiken bezüglich Ihres eigenen Trading-Verhaltens.

Ein Tagebuch sagt Ihnen nach einer Reihe von Trades zum Beispiel, in welchen Märkten Sie gut sind und in welchen weniger. Ist das nicht eine interessante Information? Und ergibt es nicht Sinn, sich eher auf Ihre Stärken zu konzentrieren?

Ich bin zum Beispiel gut im Schweizer Franken und im kanadischen Dollar. Vom britischen Pfund lasse ich meist die Finger. Hier sind meine Statistiken überhaupt nicht gut. Beim FDAX und im Euro bin ich relativ gut, aber Spitze bin ich im Dow Jones. Wenn Sie solche Daten haben, dann ist es doch wohl hoffentlich klar, welche Märkte Sie traden sollten.

Es gibt auch einem psychologischen Gewinn. Ein Tagebuch gibt Ihnen Sicherheit. Die tägliche und wöchentliche Überwachung und Bewertung Ihrer Trades verleiht Ihnen Stabilität und Kontinuität. Das ist vor allem dann wichtig, wenn es mal nicht so gut läuft. Sie können dann in Ihrem Tagebuch schauen und sehen, dass es solche Perioden immer wieder gegeben hat. Und auch immer wieder geben wird ... Es gehört nun mal zum Trading dazu.

Hier sehen Sie ein Beispiel aus meinem eigenen Trading-Tagebuch:

Bild 14: Trading-Tagebuch

Datum	Underlying	Position	L/S	Entry	Stop	Risk	Exit	Points P/L	P/L Euro
08. Apr	Gold	15	L	1576,6	1579,9	370	1579	-30	-342
08. Apr	DAX	15	L	7703	7690	193	7699	-4	-60
	EUR/USD	150.000	S	1.3034	1.306	274	1.3046	-12	-137
	Dow Jones	15	S	14615	14640	283	14612	3	34
10. Apr	BTP	15	S	111,82	112,15	483	111,97	-15	-225
	EUR/USD	150.000	S	1.3076	1.311	383	1.308	-4	-46
11. Apr	EUR/JPY	100.000	S	130,52	130,68	100	130,65	-10	-106
	EUR/USD	100.000	S	1.3121	1.3135	114	1.3135	-13	-114
	WTI	10	S	94,36	94,7	258	94,04	33	251
	Gold	7	S	1556	1563	372	1561	-50	-266
12. Apr	Silver	15	S	27,53	27,7	194	26,35	117	1334
	DAX	10	L	7802	7770	320	7889	-13	-130
	Silver	15	S	2707	2740	370	26,36	71	809
W15								65	1002

Ich habe in dieser Woche 13 Trades gemacht. Von diesen waren nicht weniger als 9 Verlierer! Das ist aber eine ganz normale Woche. Sie sehen: es sah bis einschließlich Donnerstag den 11. April überhaupt nicht gut aus. Aber dann gab es am Freitag zwei sehr profitable Gewinne im Silbermarkt. Diese 2 Gewinner machten den Unterschied für die ganze Woche. Wenn ich aber nicht diszipliniert meine Verlierer begrenzt hätte, wäre kein Gewinn zustande gekommen. Nun ist die Balance + 1002 € trotz der Tatsache, dass über 60 % der Trades Verlierer waren.

8. Worum geht es?

Ich habe dieses Beispiel aus meinem Trading-Tagebuch bewusst gewählt, weil es die Kunst des Tradens recht gut veranschaulicht. Die meisten der 13 Trades in dieser Woche brachten wenig Gewinn, oder waren gar Verlierer. Das ist völlig normale und tägliche Praxis. Aber gelegentlich bekommen Sie wirklich eine gute Chance wie diese zwei Silber-Trades am Freitag. Diese beiden Trades machten dann den Unterschied.

Sie werden diese Trades in der Regel nicht bekommen, wenn Sie nicht in den Tagen davor diszipliniert gehandelt hätten. Das wichtigste psychologische Problem, das Sie als Trader haben, ist, dass Sie nie wissen, wann diese Gewinner auftauchen werden. Aber eines ist sicher: wer gut vorbereitet ist, wird diese Chancen erkennen!

Viel Erfolg!
Heikin Ashi Trader
Falls Sie Fragen haben, erreichen Sie mich unter: pdevaere@yahoo.de

Glossar

Aktienindex: Kennzahl für die Kursentwicklung des Aktienmarktes insgesamt oder einzelner Aktiengruppen (zum Beispiel DAX).

Anleihe: Verzinsliches Wertpapier, auch Rentenpapier oder Obligation genannt (englisch bond).

Break Even: English für Gewinnschwelle.

Candlesticks: Darstellungsform von Kursveränderungen auf Basis einer japanischen Analysetechnik.

CFD: Contracts for Difference oder Differenzkontrakte.

Chance-Risiko-verhältnis (CRV): Das CRV dient als Indikator für die Sinnhaftigkeit einer Anlage. Es wird berechnet durch die Division der erwarteten Rentabilität durch den größtmöglichen Verlust (Stop-Loss).

DAX: Deutscher Aktien Index.

Doji: Candlestickformation bei der Eröffnungs- und Schlusskurs auf gleicher Höhe liegen.

Daytrading: Daytrading beschreibt den kurzfristigen spekulativen Handel mit Wertpapieren. Hierbei werden Positionen innerhalb des gleichen Handelstages eröffnet und wieder geschlossen, mit dem Ziel bereits von geringen Kursschwankungen zu profitieren.

E-Mini-Future: Future Kontrakt auf den amerikanischen Index SP500.

Forex: Forex Exchange Market, internationaler Devisenmarkt.

Fortsetzungsformation: Pause im Haupttrend, bei dessen Abschluss die vorherige Richtung wiederaufgenommen wird.

Futures: Terminkontrakt. Standardisierter Vertrag über den Kauf oder Verkauf einer bestimmten Menge einer Ware zu einem festgelegten Preis, an einem bestimmten Datum.

Gap: Kurslücke zwischen zwei Handelstagen.

Heikin Ashi: Japanisch: „auf einem Fuss balancieren". Japanischer Darstellungsform von Kursveränderungen.

Indikator: Kennzahl der Technischen Analyse, welche der Bestimmung von Kursverläufen von Wertpapieren dient.

Korrelation: Die Korrelation ist ein statistisches Maß dafür, wie zwei Wertpapiere sich in Relation zueinander bewegen.

Limit Order: Order mit festgelegtem Preis und/oder festgelegter Zeit für die Ausführung.

Liquidität: Beschreibt im Börsenhandel, in welchem Maß ein Wertpapier jederzeit ver- und gekauft werden kann.

Market Order: Eine Market Order wird zu dem jeweils an der Börse zum Zeitpunkt der Ordereingabe gültigen Preis ausgeführt.

Momentum : Das Momentum informiert den Anleger über das Tempo und die Stärke einer Kursbewegung.

Microlot: Ein Microlot entspricht einem Contract über 1.000 Einheiten der Basiswährung in einem Forex-Paar.

Money Management: Als Money Management bezeichnet man eine Wertsicherungsstrategie, die darauf abzielt, das Risiko eines Wertpapierportfolios durch Größenfestlegung der einzelnen Handelspositionen zu steuern.

OCO-Order (One cancels the other): Eine Kombination aus Stopp-Loss und Verkaufslimit; sobald entweder das gesetzte Limit oder der Stopp-Kurs erreicht wird, wird der Auftrag ausgeführt und der jeweils andere Auftrag gelöscht.

Pip: Engl. : percentage in point, kleinste Änderung im Preis im Devisenhandel.

Positionstrading: Ein Positionstrader hält eine Position langfristig (Monate bis Jahre).

Range: Eine Range ist eine Handelsspanne zwischen den hohen und niedrigen Preisen während eines bestimmten Zeitraums.

Short-Position: Ein Trader ist Short, wenn er eine Position verkauft, ohne sie zu besitzen (Leerverkauf).

S&P 500 (Standard & Poor's 500): Aktienindex, der die Aktien von 500 der größten börsennotierten US-amerikanischen Unternehmen umfasst.

Spinning Top: Chartmuster mit kleinem Körper und langen Schatten.S&P500

Spread: Differenz zwischen An- und Verkaufspreis

Stop-loss-order: Eine unlimitierte Verkauf-Order die aktiviert wird, sobald der Kurs unter eine angegebene Schwelle fällt.

Take Profit-Order: Eine Take-Profit-Order wird verwendet, wenn der Markt den gewünschten Gewinn-Kurs erreicht.

Umkehrkerze: Bei einer Umkehrkerze (auch Umkehrstab, Engl. Pin Bar) wird eine vorangegangene Kursbewegung in eine Richtung beendet und eine neue Kursbewegung in die entgegengesetzte Richtung eingeleitet.

VIX: Der CBOE Volatility Index drückt die erwartete Schwankungsbreite des US-amerikanischen Aktienindex S&P 500 aus.

Volatilität: Standardabweichung. Gibt an, wie stark ein Kurs schwankt.

Weitere Bücher von Heikin Ashi Trader

Swingtrading mit dem 4-Stunden-Chart

Teil 2: Trade the Fake!

In dem zweiten Teil der Reihe "Swingtrading mit dem 4-Stunden-Chart" geht der Heikin Ashi Trader ein auf das Phänomen des Stop-Fishings und des Fakeouts, also auf die vielen Täuschungmanöver, die die großen Player und die Algorithmen in den heutigen Finanzmärkten inszenieren. Diese scheinen oft eher die Regel denn die Ausnahme.

Aber gerade diesen Umstand kann sich der gewiefte Swingtrader zunutze machen, indem er den Spiess umdreht. Statt auf die vielen Tricks des Smart Moneys hereinzufallen, kann er lernen dessen Spuren im Chart zu identifizieren. Daraus lässt sich eine äusserst profitable Swingtrading-Strategie entwickeln, die sich ausschließlich auf dem Aufspüren der sogenannten "Fakes" konzentriert. Denn oft stellt sich heraus, dass die Täuschungmanöver der großen Player gerade den Startschuss für einen bedeutende Bewegung darstellen. Diese zu traden lohnt sich meistens.

Anhand mehrerer Beispiele in unterschiedlichen Märkten und charttechnischen Situationen verfolgt der Autor die Spuren des Smart Moneys. Mit etwas Übung kann jeder Trader diese Tricks auf einem Chart ausfindig machen und die dahinter liegenden Absichten erkennen. Eine solche Strategie würde den Gegebenheiten heutiger Märkte entsprechen, anstatt mit veralteten Methoden zu versuchen, „den Markt zu schlagen".

Inhaltsverzeichnis

Über den Autor

Heikin Ashi Trader ist das Pseudonym eines Traders, der mehr als 15 Jahren Erfahrung in Daytrading mit Futures und Devisen hat. Er ist spezialisiert in Scalping und schnelles Daytrading. Er hat mehrere Bücher über Trading veröffentlicht, die sich gegenseitig erklären.

Impressum

Texte: © Copyright by Heikin Ashi Trader

Swiss Post Box 106287

Zürcher Strasse 161

CH-8010 Zürich

Schweiz